GOUVERNEMENT GÉNÉRAL DE L'AFRIQUE OCCIDENTALE FRANÇAISE

COLONIE DU DAHOMEY

FOIRE-EXPOSITION

DE PORTO-NOVO

14-15 JUILLET 1929

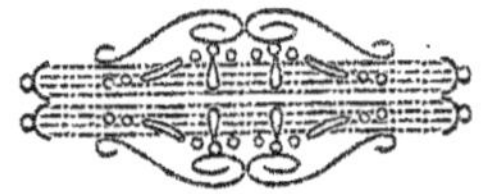

PORTO-NOVO. — Imprimerie du Gouvernement

1929

FOIRE-EXPOSITION

GOUVERNEMENT GÉNÉRAL DE L'AFRIQUE OCCIDENTALE FRANÇAISE

COLONIE DU DAHOMEY

FOIRE-EXPOSITION

DE PORTO-NOVO

14-15 JUILLET 1929

PORTO-NOVO. — Imprimerie du Gouvernement

1929

FOIRE-EXPOSITION DE PORTO-NOVO

14-15 JUILLET 1929

Pour bien marquer tout l'intérêt qu'il porte à l'essor économique du Dahomey, et en vue de faciliter les relations entre producteurs, consommateurs et exportateurs, Monsieur le Gouverneur RESTE décidait, dès sa prise de commandement, de créer une Foire-Exposition annuelle où trouveraient place toutes les productions de l'activité locale.

A côté de la " *Section Agricole* " réservée à l'Exposition des produits de l'élevage et des cultures de toute nature figurerait une " *Section Industrielle* " donnant un aperçu des industries locales : huile de palme, beurre de karité, meubles, pagnes et nattes, cuirs travaillés, vanneries, etc., etc.

En outre une " *Section Artistique* " grouperait les sculptures sur bois de la région de Zagnanado, les cuivres d'Abomey et toutes les curiosités de l'Art Dahoméen.

L'arrêté ci-après du 1er juin 1929, publié au *Journal Officiel* du Dahomey du 15 du même mois, posait le principe de la périodicité de cette manifestation économique et fixait les grandes lignes de son organisation.

LE LIEUTENANT-GOUVERNEUR DU DAHOMEY, CHEVALIER DE LA LÉGION D'HONNEUR,

Vu l'ordonnance du 7 septembre 1840, rendue applicable à la Colonie par décret du 10 mars 1893 ; ensemble le décret organique du 18 octobre 1904 ;

Vu l'intérêt que peut présenter pour le développement économique de la Colonie, la tenue périodique d'une Foire-Exposition où producteurs, éleveurs, artisans se trouveront mis en contact avec les consommateurs et les agents de notre commerce d'importation et d'exportation ;

Considérant que des manifestations de cette nature peuvent, en outre, fournir aux industriels de la Colonie et aux techniciens de nos Services administratifs et notamment du service de l'Agriculture, l'occasion d'une active et utile propagande pour la vulgarisation de nos méthodes de travail :

Vu l'intérêt qui s'attache également à faire connaître les productions de l'Art Dahoméen ;

Vu le décret du 30 décembre 1912, sur le régime financier des Colonies, notamment l'article 149,

Arrête :

Article premier

Annuellement sera organisée au Dahomey, une Foire-Exposition comprenant : une Section Agricole, une Section Industrielle et une Section Artistique.

Article 2.

Une décision du Lieutenant-Gouverneur fixera chaque année le siège, la date et la durée de cette manifestation et donnera la composition du Comité d'organisation et en nommera les membres.

Article 3.

Un crédit sera prévu au Budget de chaque exercice, tant pour couvrir les frais d'organisation de la Foire-Exposition que pour permettre de donner des prix d'encouragement aux exposants.

Article 4.

Pour l'attribution de ces prix, le Comité constituera autant de Commissions de trois membres que le commandera l'importance de la Foire. Ces jurys, dans la limite des sommes que le Comité les autorisera à engager, dresseront l'état de répartition des récompenses à distribuer dans la section dont ils ont été chargés.

Le montant de ces états présentés par les Commissions, sera payé sur une avance exceptionnelle mise à la disposition du Président du Comité, dans les conditions prévues au paragraphe 2 de l'article 149 du décret du 30 décembre 1912 et qui sera justifiée dans la forme règlementaire.

Article 5.

Le Secrétaire général et le Chef du bureau des Affaires Économiques sont chargés de l'exécution du présent arrêté qui sera enregistré, publié et communiqué partout où besoin sera et inséré au *Journal officiel* de la Colonie.

Porto-Novo, le 1er juin 1929.

Signé : RESTE.

La décision suivante fixait la date et le siège de la première Foire-Exposition et désignait les Membres du Comité d'organisation.

Le Lieutenant-Gouverneur du Dahomey, Chevalier de la Légion d'honneur,

Vu l'ordonnance du 7 septembre 1840, rendue applicable à la Colonie par décret du 10 mars 1893; ensemble le décret organique du 18 octobre 1904;

Vu l'arrêté local en date du 1er juin 1929, portant création d'une Foire-Exposition annuelle au Dahomey;

Vu le décret du 30 décembre 1912, sur le régime financier des Colonies, notamment l'article 149,

Décide :

Article premier.

La Foire-Exposition annuelle se tiendra en 1929 à Porto-Novo, les 14 et 15 juillet.

Article 2.

Le Comité chargé d'organiser cette manifestation d'ordre économique, est composé comme suit :

Président :

MM. Avonts Saint-Lager, Administrateur-Maire, Commandant du cercle de Porto-Novo.

Membres :

Giran, Chef du service des Travaux publics;
Valentin, Chef du service de l'Agriculture;
Le capitaine Jacquez, Commandant d'Armes de la Place;
Balteaux, fondé de pouvoirs de la Cie F. A. O.
Lamy, Agent de la S. C. O. A.;
Braguet, Agent de la Maison Drouot;
d'Almeida (Casimir), Membre du Conseil d'Administration;
Bienvenu, Administrateur-adjoint, Chef de la subdivision-banlieue;
Merlo, Administrateur-adjoint;
Béraud (Xavier), Membre de la Chambre de commerce (Section agricole);
Paraiso (Ignacio), Propriétaire-Agriculteur, Membre de la Commission municipale;
Gangbo (Salomon), Commerçant, Membre de la Commission municipale;
Angelo (Victor), Commerçant.

Article 2.

M. Merlo, Administrateur-adjoint, remplira les fonctions de Secrétaire.

ARTICLE 3.

Une autorisation de dépenses dans la limite de 50.000 francs, imputée exceptionnellement sur la dotation du chapitre XV, article 5, paragraphe 11 du budget local 1929, est consentie au Président de ce Comité pour permettre le paiement des frais nécessités par l'organisation de la Foire-Exposition et l'attribution de prix aux exposants qui auront été jugés les plus dignes de recevoir ces récompenses.

ARTICLE 4.

La présente décision sera enregistrée, publiée et notifiée partout où besoin sera et insérée au *Journal officiel* de la Colonie.

Porto-Novo, le 1er juin 1929.

Signé : RESTE.

Les délais étaient courts et il était à craindre que la réussite de cette manifestation ne s'en ressentit.

Il n'en a rien été et le succès a été complet. Il a été dû aux qualités d'organisation du Comité qui a agi avec décision et discernement ; aux Commandants de circonscriptions administratives qui ont rivalisé d'entrain et d'ingéniosité dans la recherche et le choix de leurs envois ; à la Direction de la Compagnie des Chemins de fer du Dahomey qui a accordé une réduction de 50 pour 100 à l'aller et au retour pour le transport des exposants et des articles destinés à la Foire ; aux Etablissements ou Sociétés privées et aux cultivateurs ou industriels isolés qui ont donné avec empressement leur concours au Comité.

Cet élan a prouvé que cette manifestation, symbolisant l'importance que l'Administration compte réserver aux questions de mise en valeur de la Colonie, venait à son heure, était attendue et répondait aux préoccupations de tous les éléments de la population intéressés au développement économique du pays.

En quelques jours la pelouse s'étendant à l'Est du Palais du Gouvernement s'était couverte de Stands qui le 14 juillet se trouvaient entièrement garnis.

◉ ◉

A 10 heures Monsieur le Gouverneur RESTE, Lieutenant-Gouverneur du Dahomey, accompagné de Monsieur SANI, représentant le Président de la Chambre de commerce empêché, des Fonctionnaires de son Cabinet et des Chefs des Services du Gouvernement, procédait à l'inauguration de la Foire-Exposition.

Il était reçu à l'entrée de l'Exposition par Monsieur Avonts Saint-Lager, Administrateur-Maire de la Ville, qui prononçait le discours suivant :

MONSIEUR LE GOUVERNEUR,

Dans les manifestations de fête qui saluaient, il y a quelques semaines votre arrivée, tous les éléments de population que j'ai l'honneur de représenter à Porto-Novo, prenaient devant vous, fidèles au passé et confiants dans l'avenir, l'engagement de poursuivre l'œuvre commune dans une étroite et loyale collaboration, sur cette terre Française du Dahomey.

Chacun de nous, dans sa sphère d'activité et à son poste de travail, attendait, pour progresser dans la voie tracée par vos prédécesseurs, les conseils, les directions, les ordres de votre volonté clairvoyante et de votre compétence éprouvée.

Sans atermoiement, animé du désir d'entrer, au plus tôt, au cœur de votre tâche lourde et complexe mais généreusement dotée de possibilités d'action et orientée vers des réalisations fécondes, vous avez, avec la fermeté du Chef qui sait ce qu'il veut et où il va, tracé les premiers plans de l'œuvre de paix, laborieuse et prospère, à laquelle vous avez la volonté de consacrer vos forces, votre expérience, votre foi dans l'avenir du Dahomey.

L'heure a sonné de faire évoluer ce pays, par une action vigoureuse et animatrice, dans un cadre plus large et plus moderne que celui des principes de sagesse temporisatrice qui ont dû, normalement, guider son premier essor, former son unité politique et assurer sa sécurité jadis si précaire.

Nous ne devons pas oublier qu'il y a 80 ans à peine un homme, dont le nom honore une des Avenues de notre ville : Victor Régis, entreprenait les premières opérations du commerce d'huile et d'amandes du palmier, jetant ainsi la base de la fortune de ces régions qui avaient surtout connu jusqu'alors — et devaient connaître encore pendant un demi siècle — la traite des nègres et l'oppression des féodaux indigènes.

Lentement, dans une progression continue d'efforts tenaces ; solidement, sur de sages principes d'éducation et d'évolution rationnelles ; guidé sans défaillance par des chefs de haute conscience, en dépit des écueils et des tourmentes, le Dahomey, cette sinistre " Côte des Esclaves " des siècles passés, aujourd'hui terre de liberté laborieuse et riche, s'est ouvert au travail que le poète a baptisé...

..." Le vrai travail, sain, fécond, généreux,

" Qui fait le peuple libre et qui rend l'homme heureux ".

⊚ ⊚

Monsieur le Gouverneur : c'est avec un sentiment de fierté, avec l'émotion de voir l'œuvre de la France, en ces pays d'Afrique — œuvre souvent ingrate, parfois injustement décriée — marquer une nouvelle avance vers son but d'aspirations nobles et de réalisations riches, que je vous salue respectueusement au seuil de cette Foire-Exposition dont vous avez conçu le projet, poursuivi et surveillé l'organisation, pour donner à ce pays, comme à ceux qui le regardent vivre et croître, la preuve de sa vitalité; pour raffermir sa confiance dans sa jeune force, dans ses moyens d'action solides et dans son avenir.....

Certes, les circonstances nous ont obligés à ne vous présenter qu'une ébauche d'un labeur incessant et volontaire, qu'un résumé modeste des résultats obtenus dans la paix et la sécurité de ces dernières années, qu'un aperçu des possibilités futures que vous avez entrevues et désignées aussitôt comme objectif à notre activité fidèle et disciplinée.

Mais ce que nous soumettrons à votre examen, à votre observation éclairée, à votre conception lucide d'un programme de travail et de progrès, ce sera, si vous le voulez bien, la première pierre de l'édifice que vous avez la noble ambition de construire dans ce pays d'Afrique si généreusement doté par la Nature et dont les destinées vous sont confiées.

Modestes sont les résultats que vous allez constater. Pourtant vous me permettrez de rendre hommage aux efforts de tous les collaborateurs qui m'ont aidé dans la tâche que vous m'avez fait l'honneur de me confier. Ces efforts, Monsieur le Gouverneur, nous sommes tous prêts à les renouveler, à les développer -- Français de vieille ou de jeune souche, groupés autour de vous — pour la prospérité du Dahomey, pour la grandeur de l'œuvre coloniale de la France vers qui s'élèvent nos cœurs et nos pensées, en ce jour d'anniversaire glorieux.

Monsieur J. Victor Angelo, au nom du Cercle "*La Renaissance*", groupement
de notables, tint à dire l'écho que l'organisation de la Foire avait trouvé dans
" l'élite intellectuelle " du pays. Il s'exprima en ces termes :

Monsieur le Gouverneur,

Enfant du Dahomey et représentant d'un petit groupement d'enfants de ce
pays, le Cercle " *La Renaissance* ", je manquerais à mon devoir si, au nom de
cette, pour ainsi dire, élite intellectuelle, je ne prenais pas la parole pour vous
exprimer notre modeste appréciation et notre reconnaissance pour la noble pensée
dont vous êtes inspiré en instituant cette Foire-Exposition.

Mesdames et Messieurs,

Tout arrive en son temps. Dans l'inspiration de la belle et haute pensée de
M. le Gouverneur, nous y voyons d'abord la main de la Providence Divine.

Un plan admirable s'exécute. Les événements se suivent sans liaison appa-
rente et cependant l'Infaillible Justice en fixe le cours d'après des règles immuables.

Tout se relie dans l'ordre matériel comme dans le domaine moral.

En effet, notre Dahomey après avoir eu ses destinées entre les mains des
hommes, tels que les Gouverneurs Ballot et Liotard, qui ont songé que pour le
développement économique d'une colonie telle que le Dahomey, il fallait, avant
tout, la pénétration par le rail ; M. Gaston Fourn, continuateur de ce dessein, doublé
d'une préoccupation constante de l'Hygiène, de la Santé publique et de l'avenir de
l'Enfance au Dahomey, la Providence nous amène M. le Gouverneur Reste, dont
le premier geste est l'institution d'une Foire-Exposition annuelle.

La portée de ce geste est grande. Il doit et peut donner de très appréciables
résultats. Il retrempe déjà nos âmes, il relève nos cœurs. La preuve c'est l'empressement que nous sommes heureux de constater, de cette foule, venant des points
les plus éloignés de ce pays, assister et concourir à cette Foire-Exposition dont
l'organisation, la disposition et le succès sont largement dus à M. l'Administrateur-Maire, ainsi qu'à ses collaborateurs.

Nous avions besoin d'un chef puissant, courageux et intelligent pour entreprendre l'œuvre du développement économique de notre pays, pour l'expansion
et l'intensification de l'Agriculture et de l'Industrie, source de richesses en tout
lieu et en tout temps.

Nous en avons besoin surtout maintenant que nous nous sentons bien
appauvris, en raison des trois années de récoltes déficitaires et aussi de la baisse
du prix des produits.

Le Commerce en général souffre de cet état de choses.

Le sol dahoméen étant si fertile, peut et doit produire trois fois plus qu'il ne
l'a fait jusqu'à présent, même dans les meilleures années de récoltes.

Par le coup d'œil que vous allez jeter sur les produits et objets exposés, vous vous rendrez compte de l'aptitude des habitants de ce pays, de sa vitalité et de ses inépuisables ressources.

Les primes accordées à ceux qui présenteront les meilleurs produits sont une récompense des peines endurées, un encouragement à mieux travailler pour mieux produire.

Une émulation naturelle et salutaire s'en suivra ; mais, Monsieur le Gouverneur, pour mieux travailler et produire davantage, il faudra nous y éduquer et nous y instruire, car avec nos procédés rudimentaires, nous n'y parviendrons pas.

C'est d'ailleurs le devoir des êtres supérieurs envers ses frères arriérés. C'est le devoir de la France en ce pays et auquel vous ne manquerez pas.

L'institution de cette Foire-Exposition nous en donne la plus formelle assurance.

Si vous me le permettez, j'oserai vous suggérer la création d'Ecoles mobiles, en vue de, sur place, nous instruire sur les procédés modernes d'agriculture, tels que la sélection des plantes, l'usage des engrais composés adaptés à nos terres, l'emploi des outils et machines agricoles.

Mes chers Confrères et Compatriotes,

Je viens de dire que c'est un devoir de la France de nous éduquer et instruire, pour que nous puissions avancer dans la voie du progrès matériel et moral.

Je dois ajouter que ce devoir nous incombe à nous tous, pères de famille, chefs de maisons, en un mot tous ceux qui exercent une influence ou autorité quelconque sur ses semblables.

Cette progression ne peut se faire que par étapes.

Vous savez que nous ne pouvons attendre que les alouettes nous tombent toutes rôties du ciel.

Soyons persuadés que rien d'extérieur ne peut améliorer notre sort, si nous n'y mettons notre meilleure volonté et notre effort individuel.

Nos guides ne peuvent qu'exercer leurs fonctions, c'est-à-dire conseiller, encourager et indiquer le chemin à suivre.

A nous d'y marcher fermement et résolument.

Notre ordre social ne vaudra que ce que nous valons nous-mêmes. Nous avons en nous des forces cachées à l'état latent. Pour les utiliser et développer, il faudra mettre un frein à notre préoccupation exclusive des jouissances matérielles, à notre égoïsme, nous arracher à notre paresse.

Sachons donc répondre aux louables intentions de notre éminent Gouverneur Reste, avec un esprit d'ordre, de discipline et de reconnaissance pour l'accomplissement desquels nous lui souhaitons un long et heureux séjour parmi nous en compagnie de Mme Reste, pour la gloire de la France et la prospérité du Dahomey.

Monsieur d'Almeida, membre indigène élu du Conseil d'Administration, prit ensuite la parole :

Monsieur le Gouverneur,

Si en dépit de mon embarras à parler en public, je me permets la respectueuse audace de prendre la parole devant vous, ce dont je m'excuse d'ailleurs, c'est que, porte-parole d'une population à la fois observatrice et avide de comprendre, je ne saurais taire l'enthousiasme général qui règne aujourd'hui dans tous les cœurs sans démériter de la première circonscription dont je suis heureux d'être le délégué.

En effet, Monsieur le Gouverneur, on ne peut s'empêcher d'être étonné et ravi en contemplant les travaux remarquables étalés sous nos yeux dans cette Foire-Exposition.

Tout à l'heure, nous allons avoir le plaisir de visiter les installations. Nous nous trouverons en présence d'une véritable leçon de choses, vivante, animée qui parle aux yeux et à l'intelligence. Nous verrons avec quel goût et avec quelle méthode chaque région de notre belle Colonie est représentée par ses produits, ses arts, son industrie.

Pour nous, la leçon, chers Compatriotes, consiste à ouvrir les idées, et inciter à faire autrement et mieux que ce que l'on a fait jusqu'à présent.

Nous ne pouvons donc contester l'utilité de cette Foire-Exposition et l'immense profit que notre pays pourrait en tirer, car elle permet aux producteurs et aux exportateurs d'entretenir des relations plus fécondes et de s'ouvrir de nouveaux débouchés à leurs produits. De ce fait, notre pays entre désormais dans une voie de rapide développement qui ne pourrait manquer d'améliorer le sort des populations indigènes.

Bref, l'art nègre dahoméen, si fin, parce que primitif et si recherché dans le grand monde, s'assure désormais un débouché sinon dans toute l'Europe du moins en France.

Permettez-moi, Monsieur le Gouverneur, de vous remercier au nom de tous d'avoir bien voulu prendre cette encourageante initiative car elle solennise au Dahomey une ère de renouveau qui, de l'avis même de la population indigène, semble être pour le pays le point de départ d'une prospérité que tous nous appelons de nos vœux et à la réalisation de laquelle vous ne ménagez ni votre activité ni votre santé.

Nous remercions vos vaillants collaborateurs, fonctionnaires de toutes les branches, ceux-là même qui ont su si bien combiner leurs efforts pour arriver à cet imposant résultat qui ennoblit l'œuvre coloniale et glorifie la France immortelle.

Monsieur le Gouverneur RESTE répondit en ces termes aux discours précédents :

MESDAMES,
MONSIEUR L'ADMINISTRATEUR-MAIRE,
MESSIEURS,

Je tiens tout d'abord à remercier M. AVONTS SAINT-LAGER, Administrateur-Maire, et M. Victor ANGELO, Président du Cercle de la " Renaissance ", et M. d'ALMEIDA des paroles si aimables qu'ils viennent de m'adresser et des sentiments qu'ils ont exprimés à mon égard.

Je leur en suis particulièrement reconnaissant.

J'ai trouvé à mon arrivée au Dahomey, un accueil si sympathique, un empressement si spontané à m'apporter les concours qui me sont nécessaires dans l'œuvre à accomplir ici, que je m'en voudrais de ne pas vous témoigner toute ma gratitude. Elle est profonde et sincère.

M. AVONTS SAINT-LAGER et vous, M. Victor ANGELO, vous avez évoqué, d'une façon très heureuse, l'œuvre de mes devanciers — c'est un devoir pour moi, et je le fais croyez le bien de tout cœur, de leur rendre le juste hommage qui leur est dû — Tous ont contribué à faire du Dahomey la belle Colonie d'aujourd'hui.

M. PEUVERGNE, dont je suis heureux d'avoir le fils comme collaborateur ; MM. BALLOT, LIOTARD, NOUFFLARD, MERWART, FOURN, chacun selon son tempérament et les tendances habituelles de son esprit, se sont vivement intéressés à ce pays, si divers dans ses aspects et si prenant, pour ceux qui savent le comprendre.

Vous avez eu raison aussi, M. l'Administrateur-Maire de penser à ces nobles figures du passé, d'évoquer le souvenir de ces hardis pionniers, de ceux qui, malgré vents et tempêtes, sont venus sur cette côte poser les premiers jalons de notre occupation.

Parmi eux, vous avez cité Victor REGIS, dont le nom qu'on retrouve toujours quand on étudie l'histoire de nos possessions africaines, brille d'un éclat tout particulier.

Il m'est agréable, à cette occasion, de témoigner toute mon admiration à la ville de Marseille dont il était originaire ainsi que son compagnon de voyage : BORELLI.

Marseille, porte de l'Orient, porte aussi de l'Occident, a joué un rôle capital dans notre mouvement d'expansion coloniale. Depuis l'époque lointaine où Pythéas explorait déjà les côtes d'Afrique, elle n'a cessé par ses voyageurs, ses explorateurs, ses commerçants, ses industriels et ses armateurs de travailler à la création de la plus grande France — et c'est à juste titre qu'on peut dire qu'elle est la capitale de notre empire colonial.

Vous avez dit M. AVONTS SAINT-LAGER, et M. Victor ANGELO s'est fait l'écho de vos préoccupations, que l'heure « a sonné de faire évoluer le Dahomey, « par une action vigoureuse et animatrice dans un cadre plus large et plus moderne « que celui des principes de sagesse temporisatrice qui ont dû normalement guider son « premier essor, former son unité politique et assurer sa sécurité jadis si précaire ».

Paroles fortes, paroles vraies que je fais miennes.

Nous sommes arrivés à un tournant de notre histoire -- nous ne devons plus regarder en arrière, ni vivre sur le passé -- Le progrès exige de nous un nouvel effort et c'est vers l'avenir que nous devons nous tourner.

Messieurs, l'Exposition que nous inaugurons aujourd'hui marque tout l'intérêt que je porte et que nous portons tous, au développement économique du Dahomey.

Je vous disais, lors de mon arrivée à Porto-Novo, que je venais, sans idées préconçues, avec le désir de me renseigner d'abord et de consacrer ensuite toutes mes forces à ce pays, car c'est au contact des réalités, à la lumière des faits, qu'apparaissent les solutions les meilleures et les plus heureuses.

Je me suis vite rendu compte -- il suffit d'ouvrir les yeux pour cela -- de l'importance capitale que l'industrie agricole tenait dans l'économie générale du pays.

De tout temps, le Dahomey a été célèbre par ses plantations de palmiers à huile. Elles ont fait l'admiration de tous les voyageurs -- qui ont porté leurs pas sur la terre dahoméenne -- et moi-même, qui au cours de ma longue existence coloniale ai parcouru bien des pays et vu bien des coins sur cette vaste Terre, j'ai été ébloui par la splendeur de vos palmeraies.

Mais là ne s'est pas borné votre activité.

Vos terres sont admirablement bien cultivées.

A l'ombre propice des palmiers s'étendent, en nappes d'un vert sombre, si agréables à voir, de magnifiques plantations de maïs, la plante nourricière par excellence, d'ignames et d'arachides.

Ce culte que vous avez pour la terre vous fait honneur -- c'est de la terre que vient toute richesse ; la terre vous apporte le bien être ; elle vous apporte aussi la paix du cœur -- La vraie indépendance, c'est à son contact qu'on l'obtient. Vous l'avez compris depuis toujours, ô vous Dahoméens qui, continuant les sages traditions de vos ancêtres, avez su, au cours des âges, diriger votre activité vers cette Déesse, un peu rude d'aspect quelques fois, mais qui rend toujours au centuple les efforts qu'on lui a consacrés.

De tout temps, vous avez vécu des produits de la terre ; ce sont eux seuls qui ont alimenté votre commerce d'exportation — à la différence de bien des Colonies, qui n'ont tiré leur richesse — richesse passagère — que des ressources spontanées dont la nature les avait dotées.

Mais depuis quelques années, on constate une baisse très sensible dans votre mouvement commercial.

Les exportations d'amandes de palme qui se sont élevées certaines années jusqu'à 65.000 tonnes sont tombées à 31.000 l'année dernière.

C'est un fait incontestable, certain, brutal; M. Victor ANGELO l'a dit d'une façon très nette.

Sans doute, pour expliquer ces moins values on a invoqué le manque de pluies. Certes les conditions atmosphériques ont une influence marquée sur le rendement des cultures et en particulier des palmeraies ; mais elles n'expliquent pas tout. Il faut voir plus loin.

La vérité, permettez-moi de vous le dire -- la vérité ne blesse jamais -- la vérité est que vous avez trop vécu sur le passé. Vous avez oublié ce grand principe qu'une richesse qui ne se renouvelle pas, est une richesse qui s'éteint. Comme à toute source d'énergie, il faut lui apporter des éléments sans cesse renouvelés si on ne veut la voir disparaître.

Ce n'est pas un reproche que je vous fais. Loin de moi cette pensée; mais vous avez cru que l'effort que vous aviez réalisé dans le passé et qui fût considérable, quand vous avez aménagé vos belles palmeraies, suffirait à vous assurer à jamais une source de revenus inépuisable.

L'heure est venue de faire un nouvel effort. Vous êtes prêts, je le sais, à vous consacrer à l'œuvre que nous allons essayer de réaliser en commun, la main dans la main. MM. Victor ANGELO et d'ALMEIDA viennent de m'en donner l'assurance.

Nous allons entreprendre toute une campagne de replantation de palmiers à huile, mais nous ne bornerons pas là notre activité. Nous créerons aussi des plantations de caféiers, de cacaoyers, de cotonniers, de sisal. Vous avez des aptitudes agricoles admirables ! eh bien ! c'est à la réalisation de ce programme qu'il faut les consacrer.

C'est la seule voie, le seul moyen efficace qui puisse nous permettre de sortir des difficultés présentes.

Messieurs,

et en disant ceci, je m'adresse à vous tous, fonctionnaires, colons et commerçants Européens, artisans et agriculteurs indigènes, il faut que nous nous employons chacun dans notre sphère à donner au Dahomey la place qui lui revient, une des premières, en Afrique occidentale française.

Je le déclare bien franchement, je ne conçois pas la Colonie sans une activité toujours grandissante ; je ne la conçois pas sans force d'attirance pour les hommes entreprenants et énergiques qui se sentent à l'étroit dans leur champ habituel d'action.

Loin de moi la pensée, loin de moi l'idée de vouloir mettre au second plan notre mission idéale, notre mission civilisatrice — je dirai même que notre intérêt bien compris exige que celle-ci soit à la base de toute notre politique — Je dirai qu'elle est un facteur d'enthousiasme, qu'elle est une source vivifiante qui entraîne par sa beauté les individualités les plus généreuses qui veulent à la fois, pour leur pays, vivre une vie utile et pour elles mêmes satisfaire au désir de faire le bien.

Mais il n'en est pas moins vrai que la Colonie sans affaires, sans un mouvement commercial en progression constante, ne se comprend pas et que son développement moral ne peut aller de pair qu'avec son développement économique.

Je vous ai dit à ce sujet, toute ma pensée, lors de la réunion, si bien réussie et dont j'ai gardé un inoubliable souvenir, que vous avez bien voulu donner, il y a quelques semaines, en mon honneur au Cercle de la Renaissance.

Je place au premier plan notre action civilisatrice ; mais mon devoir m'oblige aussi à consacrer tous mes efforts au développement de votre vie matérielle.

L'Exposition de ce jour est l'expression concrète de mes désirs.

J'ai voulu d'une part faire le bilan, faire le " point " de notre situation actuelle et d'autre part mettre en rapport les producteurs et les acheteurs ; je désire qu'il n'y ait plus de cloisons étanches : c'est une des conditions essentielles de la prospérité du pays.

Lors de la réunion dont j'évoquais à l'instant même le souvenir, je vous déclarais que je mettais au premier rang de mes préoccupations le développement économique de ce pays. Je veux, vous ai-je dit, lui donner, grâce à vous tous, la place qu'il doit occuper dans l'Ouest Africain.

Je veux que sa vie devienne plus active.

Je veux et vous me pardonnerez cette image que son sang circule plus riche et plus abondant.

Je ne veux pas de colonisation routinière. La solution des problèmes économiques, le développement des œuvres sociales et des œuvres d'assistance -- la création de coopératives de production -- l'organisation du crédit agricole, la mise à la disposition des agriculteurs indigènes d'un outillage plus perfectionné, l'amélioration et l'extension des cultures retiendront particulièrement mon attention.

Mais la mise en valeur d'un pays, n'est pas seulement un problème de production : c'est aussi un problème de circulation ; il nous faut des routes -- ouvertes à tous les charrois -- des voies ferrées, des canaux.

M. Victor ANGELO a prononcé tout à l'heure une parole fort juste. Il a dit que vous aviez en vous des forces cachées à l'état latent... C'est exact. Hé bien ! je fais appel à ces forces latentes.

Je vous demande de les utiliser, dans l'ordre et la discipline, au développement du pays ; car sans ordre ni discipline il n'y a pas de travail fécond.

Travaillez donc en toute confiance; mon aide ne vous fera pas défaut.

Messieurs,

Le temps nous a manqué pour donner à cette exposition toute l'ampleur que j'eusse désirée. Néanmoins vous avez tous rivalisé de zèle et les résultats sont dignes de vous.

Je tiens à féliciter tous ceux qui ont coopéré à cette belle manifestation, et en particulier : le Président du Comité d'organisation, M. l'Administrateur-Maire AVONTS SAINT-LAGER, qui, dans l'aménagement de l'Exposition a fait preuve d'un goût, d'un sens artistique et d'une méthode dont je ne saurai trop le louer.

Je félicite aussi M. l'Inspecteur des Affaires Administratives DESANTI, qui sait toute l'importance qui s'attache à l'heure actuelle aux problèmes économiques et qui m'apporte une collaboration des plus utiles.

Mes remerciements vont également, bien sincères à tous les Membres du Comité, à toux ceux qui se sont dépensés sans compter pour la réussite de cette Foire-Exposition, à laquelle j'attache une grande importance et qui aura lieu chaque année, et parmi eux MM. PEUVERGNE, BIENVENU, BARRAUD.

Je n'aurais garde d'oublier la Chambre de Commerce du Dahomey toujours soucieuse des intérêts de la Colonie et qui n'a jamais marchandé son concours si précieux à l'Administration locale -- ce dont pour ma part, je lui suis très reconnaissant. Je lui sais gré de s'être fait représenter à cette manifestation par M. SANNI, un de ses membres les plus distingués. Je suis très sensible à cette attention. Son Président M. COUTELLE devait tout d'abord venir à Porto-Novo, mais il a été retenu à Cotonou par une indisposition. Qu'il veuille bien agréer avec mes regrets de ne pas le voir aujourd'hui parmi nous, nos vœux de prompt rétablissement.

Je suis reconnaissant à M. l'Administrateur MERLO d'avoir su grouper, en un stand qui fera l'admiration de tous, quelques spécimens particulièrement significatifs de l'art dahoméen.

Chaque peuple exprime en des modalités différentes ce besoin d'esthétique, ce sens de la beauté qui est au cœur de tous les hommes.

Les artistes dahoméens ont su tailler dans le bois, modeler dans la glaise ou ciseler dans le cuivre des œuvres vraiment remarquables, fines, un peu réalistes sans doute mais dénotant un sens aigu de l'observation et un doigté très sûr.

J'ai tenu à leur donner au milieu de cette Exposition la place qui leur revient.

⊙ ⊙

Je suis heureux également d'adresser mes remerciements à tous les Chefs de service, Commandants de cercle et Administrateurs, aux Colons, aux Missions qui se sont intéressés à cette manifestation. Le Service de l'Enseignement, qui a exposé divers ouvrages des élèves des Ecoles professionnelles et le Service de l'Agriculture se sont particulièrement distingués.

Enfin, je tiens à féliciter tous les artisans, tous les agriculteurs indigènes, qui ont apporté avec le plus grand empressement un concours des plus précieux à l'Exposition.

C'est à eux que revient, pour une bonne part, sa réussite.

De tels éléments font bien augurer de l'avenir. Le Dahomey qui s'achemine à grands pas sur la voie du progrès, ne peut connaître que des jours heureux : c'est le vœu le plus cher que je forme.

Messieurs, je déclare ouverte la Foire-Exposition de Porto-Novo.

Le cortège officiel visita ensuite tous les stands :

Dans certains se trouvaient exposées de monstrueux ignames aux formes tourmentées, d'énormes régimes de palmistes, des noix de coco de proportions inattendues, des ananas géants, qui au milieu des multiples apports des cultivateurs, témoignaient de la richesse d'un sol généreux qui paie largement de la peine que l'on se donne pour le mettre en valeur et rend au centuple la semence qui lui est confiée.

D'autres réservés aux cultures industrielles attestaient de l'effort entrepris et du soin apporté à la recherche de produits sélectionnés :

Certains échantillons de coton parfaitement blanc, bien préparé et soigneusement présenté montraient ce que peut donner cette culture dans certaines régions de la Colonie ;

Et à proximité les fibres soyeuses d'un kapok choisi rappelait que le coton n'est pas le seul textile intéressant de la Colonie.

Ailleurs, c'étaient des concasseurs et des pressoirs en action qui démontraient pratiquement aux indigènes tout l'intérêt qu'ils pourraient avoir à utiliser des moyens mécaniques pour le traitement des produits du palmier à huile, tant au point de vue de l'économie de la main-d'œuvre qu'au point de vue du rendement obtenu en qualité et en quantité.

Non loin de là, des coupes de noix de palme venant de la Station expérimentale de Pobé mettaient en évidence l'intérêt d'une sélection qui augmente l'épaisseur de la pulpe des fruits dans des proportions qui ne pouvaient manquer d'intéresser des agriculteurs avisés qui — comme les paysans dahoméens — ont déjà compris l'avantage qui s'attache au choix des graines destinées à la reproduction.

Des parcs à bestiaux étaient garnis de sujets réellement intéressants du cheptel local, tandis que dans des volières on était tout surpris de retrouver des animaux de basse-cour importés d'Europe et que certains agriculteurs tentent d'acclimater dans le pays en vue de leur adaptation au Dahomey, ou de croisements avec les espèces indigènes.

Les stands agricoles et industriels parcourus, le Chef de la Colonie arriva aux Expositions de la Section artistique qui groupaient à côté des travaux d'inspiration purement indigène dont le caractère est nettement affirmé, toute une production d'Art Dahoméen " à l'usage des Etrangers " non dépourvue d'intérêt parce qu'elle montre combien les habitants de ce pays sont à l'affut de ce qui peut favoriser leurs affaires et combien ils sont disposés à se plier au goût d'une clientèle possible, serait-ce en modifiant leurs conceptions artistiques ou en créant chez eux un " art nouveau " dont ils n'ignorent pas la vogue en France.

Plus loin, c'étaient les expositions de meubles dont certains sont d'un travail réellement soigné, incrustés avec goût, et prouvent que l'on peut — en donnant à l'Enseignement une direction judicieuse — trouver parmi les ouvriers locaux non seulement des manœuvres mais encore de véritables artisans capables d'exécuter des travaux délicats.

Au *Stand des Ecoles* ce n'était pas sans surprise que l'on voyait voisiner avec des travaux de menuiserie parfaitement ajustés et finis, exécutés par les élèves de l'Ecole professionnelle, d'élégants smokings, d'impeccables complets et de confortables chaussures provenant des Sections d'apprentissage, ainsi que de fines dentelles et divers travaux de broderie et de coutures témoignant de l'habileté de nos petites écolières noires et de l'inlassable patience de leurs maîtresses laïques et religieuses.

A midi trente, le Chef de la Colonie, vivement intéressé, et sa suite quittaient la Foire-Exposition qu'une foule dense avait envahie.

Le lendemain 15 juillet le jury proclamait le nom des lauréats dont on trouvera le palmarès ci-après.

PALMARÈS DE LA FOIRE-EXPOSITION

PORTO-NOVO -- 14 & 15 JUILLET 1929

HORS CONCOURS

DIPLOME D'HONNEUR

Station Expérimentale du palmier à huile de Pobé.
(Directeur technique M. HOUARD, Inspecteur général d'Agriculture).

Service de l'Agriculture du Dahomey.

Association Cotonnière Coloniale.

Huileries du Dahomey.

Société Commerciale de l'Ouest Africain (S. C. O. A.)

Société Commerciale du Dahomey (S. O. C. O. D. A.)

Maison John Holt.

MM. Crespin, Avocat, propriétaire-agriculteur, à Cotonou.

Bardin, Géomètre, à Porto-Novo.

PALMARÈS DE LA FOIRE-EXPOSITION DE PORTO-NOVO

(14 & 15 JUILLET 1929)

CERCLE D'ABOMEY

Association cotonnière : Diplôme d'honneur

Artisans

Cuivre, bois, argent, cuir, tissage

Gnassounou Hountondji	40	»
Djidjanou Menou, de Tindji Ihossougou	40	»
Aligbé, de Hétchilito	40	»
Akpagbé, de Zounkon	40	»
Ouido, de Hetchilito	40	»
Tohossoussi, de Tindji Adaouémé	40	»
François Agbadjanafa, de Bécon-Ouegbo	40	»
Ouinsou Adonou, de Bécon-Ouegbo	40	»
Houankpon Tohou, de Bécon-Hounli	40	»
Salanon Podo Sossougué, d'Agblomé Lévi	40	»
Hissa, de Mongnon	40	»
Anagonou, de Tindji-Zizommé	40	»
Dossou Bahavou, de Aouaga	40	»
Mme Dessimi E. Alavo, de Bécon-Houegbo	30	»
Saïbou Nadicha, de Hountondji	40	»
Baba, —	30	»
Gbelidji, —	20	»
Ahandessi Aïzanon, Mongnon	40	»
Alého Gomessin, de Hodja	40	»
Alcha Agbakadji, de Hontondji	40	»
Houbo, de Hontondji	40	»
Akabassi, de Ouassaho	40	»

Produits industriels et alimentaires

Vekpa, de Zado (cacao)	200	»
Agbidinoukoun, de Sinhoué	50	»
Jérôme da Souza, d'Abomey	200	»
Louis Zodéhougan, de Zado	100	»
Gampo Tokpo	50	»
Louis Zodiouglan Glélé	100	»
Nassi Nokoudodjissi Michounou (indigo)	50	»
TOTAL	1 600	»

CERCLE D'ALLADA

Artisans

Bois, cuivre, tissage.

Barnabé Coffi	40	»
Ama	40	»
Agassin	40	»
Akodji	40	»
Aïtchedji	40	»
Binazoun Djihinto	40	»
Gandébagni	40	»
Gnina Sogbedji	40	»
Fassanya	40	»
Zâ	40	»
Alladakan	40	»
Gankpéhoun	40	»
Alladassi	40	»
Minalon	40	»
Koundolé	40	»
Téhoumé	40	»
Acodji	40	»
Danhazon	40	»
Alapini	40	»

Produits alimentaires et industriels

Amoussou Gènou (café, cacao), de Tokpa	250	»
Sadodénou, de Tchi	60	»
Amoussou, de Dangban	60	»
Oké, de Dangban	60	»
Akindé, d'Allada	200	»
Sessinou Tolla, d'Allada	60	»
Dossa Akplogan, d'Allada	60	»
Hanlanssi, de Calavi	60	»
Akidélé, de Segbéya	60	»
Alladanagnon, de Dohinoco	60	»
Total	**1.690**	**»**

CERCLE DE L'ATACORA

Artisans divers

Bois, fer, raphia	300	»

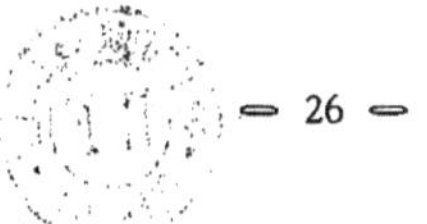

CERCLE DE COTONOU

Echantillonnage de produits alimentaires et industriels

M. G. Crespin : Hors concours, Diplôme d'honneur

Plantations de Métamehou	80	»
— Métadji (peaux)	60	»
— Nobimé	60	»
— Paul Hazoumé	250	»

Divers artisans

Le Phare du Dahomey	200	»
Joseph Adihun (menuiserie, table à jeu)	50	»
E. da Souza (pyrogravure)	40	».
Mᵐᵉ Kéounké Gancha (broderies)	50	»
Total	790	»

CERCLE DE DJOUGOU

Sidi, de Djougou (nattes)	100	»
Femme Adizalou (pagnes Dompagos)	200	»
Diaboutou (divers bois sculptés)	50	»
Total	350	»

CERCLE DE HOLLI-KÉTOU

Poste militaire d'Aba (*légumes européens*)	50	»

Pagnes tissés.

Présenté par Amadou, de Kétou	100	»
— Femme Okpé Hollidje	25	»
— — Maoniké	25	»
— — Changoyoni	25	»
— — Holli	25	»
— — Fafoumiké	25	»
— — Haliès	25	»
— — Idohou	25	»
— — Talabi	25	»
— — Aissatou	25	»
Okpekingué	25	»
Daniel	35	»
Adinatou	25	»
A reporter	460	»

Report .... 460 »

Artisans divers

Masques.

Adégnika, d'Adjahouéré	20 »
Capo, de Toffo	20 »
Tchegbe, de Pobé	20 »
Oloupona, d'Itchédé	20 »
Okpéïta, d'Ekpo	20 »
Fadikpé, de Kétou	20 »
Alayé, —	20 »
Adeïtcha, —	20 »
Idohou, —	20 »
Roko, d'Adakplamé	20 »
Ossé, d'Adjahouéré	20 »
Adégnika, —	20 »

Produits alimentaires et Industriels.

Odoulami, de Pobé	150 »
Adégnika, d'Adjahouéré	60 »
Okpé, chef du Hollidjé	60 »
Olorouko, de Pobé	60 »
Yola, de Pobé	60 »
Aboudou, de Pobé	60 »
Mama Olourouko, de Pobé	100 »
Capo, de Pobé	100 »
Kotchelou, de Pobé	100 »
Zannou, de Gbaouété	60 »
Odjoussou, de Pobé	60 »

Total .... 1.570 »

CERCLE DU MONO

Produits de la pépinière administrative d'Athiémé	100 »
Produits des plantations et jardins de M. P. Johnson	300 »
Produits des plantations de Houssounou, chef de canton	150 »
M. P. Johnson (animaux)	200 »

Artisans divers

Bois, tissage, etc.

Agossa Messicou, de Comé	50 »
Tchiko, de Tota	40 »
Houégnissa, d'Ayomi	40 »

A reporter .... 880 »

Report............................... 880 »

Holonou, de Dedekponé...........................	40 »
Tchéhou, d'Ahouamé.............................	40 »
Adandokoun, d'Atikpota..........................	40 »
Houessou, de Locossa............................	40 »
Fatondji, —	40 »
Djossou, —	40 »
Djégbeton, de Totingo...........................	40 »
Houessin, de Tohinga............................	40 »
Dossa Bligo, d'Aguidahoué.......................	40 »
Assogba, d'Athiémé..............................	40 »
Djenana, de Grand-Popo.........................	40 »

Total............................... 1.320 »

CERCLE DU MOYEN-NIGER

Echantillonnage de produits alimentaires et industriels divers... .... 300 »

CERCLE DE OUIDAH

John Amého (ébénisterie)........................	200 »
Melle Anne Dossou (couture)................	25 »

Echantillonnage de produits industriels et alimentaires divers

MM. Prince.....................................	200 »
Estève da Souza.............................	200 »
Hilaire da Souza............................	200 »
Léopold de Médeiros.........................	200 »
Gabriel Vianna..............................	200 »
Ignace Hodonou.............................	200 »

Total............................... 1.425 »

CERCLE DE PARAKOU

Produits vivriers (échantillons)

M. Boro Borassi................................	60 »
M. Chabi Atick................................	40 »

Total............................... 100 »

CERCLE DE PORTO-NOVO

A. — Subdivision d'Adjohon

Produits de cultures vivrières et volailles.

Région de Dangbo (Avagbo).. 1.000 »

Mention spéciale.

Aguémon (canards)... 80 »

Poteries diverses.

Chefs de Késsounou et Goblo... 80 »

Sculptures sur bois.

Fatondji, de Mitro.. 50 »
Dossou, de Yokon.. 50 »
Déïgbé, de Zoungué.. 50 »
Bodjinou, d'Adjohon... 50 »
Daga Niakadja... 50 »
Laly Sadinqué... 50 »

TOTAL .... 1.510 »

B. — Subdivision de Gbessou

Produits de la pêche.

Sekpo Akouanou.. 50 »
Zanou Housso.. 50 »
Ahouassou Houankoulounon.. 50 »
Zannou Houtin... 50 »

Artisans divers

Poteries, ouvrages de bois, etc.

Sekpo Akouanou.. 50 »

TOTAL............................... 250 »

C. — Subdivision de Sakété

Produits alimentaires et industriels.

Abiona, de Takon.. 50 »
Jossou Avohoua.. 50 »

A reporter .... 100 »

Report .... 100 »

Okpébi	50	»
Avocé	50	»
Odjo Ahoti	50	»
Radji	50	»
Faamialara	50	»
Akohoouadé	50	»
Dodou	50	»
Chef Colé	50	»
Chef de Takon	25	»
Mékounou, de Bagla	50	»
Adéfoussi	50	»
Zounon Poton, de Sâké-Kitigbo	50	»
Antoine Lary	50	»
Okpéicha	50	»
Akioula	50	»
Olohounto	50	»
Djéfin et Odjo	50	»
Alimi	50	»
Egoundjobi	50	»
Assani	50	»
Adéodou, chef de Lagbé	50	»

Mentions spéciales pour encouragement à la culture du café, cacao, colas, etc.

Abbou (2.000 pieds caféiers)	300	»
Ogounjobi	150	»
Félix Kokouvi, de Fouditi	150	»

Artisans divers

Sculptures sur bois

Zognon, Alaogou, Helekpon, Fahala, Kouchanou, Orobihi, Ogoulihi, Assogbé, Labintan, Dahouakpla, Déchémon .... 450 »

TOTAL .... 2.175 »

D. — Subdivision de la Banlieue

Mentions spéciales pour encouragement à la culture du café, palmier, cocotier et fabrications industrielles

Chef Kéké Adjihon	400	»
E. Monteiro	250	»
Anago, chef de Gomey	200	»
Do Régo	200	»

A reporter .... 1.050 »

Report............................... 1.050 »

Cosme, chef Méridjonou....... .... 300 »
J. Campos........................ ... . 250 »
Plantation Béraud.................................... .... 400 »

Produits de culture vivrière

Divers à répartir......... ... . 1.500 »
Primes pour jeux et danses (Zambéto, etc., tam-tam, etc.)............... 500 »

Total .... 4.000 »

Porto-Novo-Ville

Huileries du Dahomey (machines agricoles) : Diplôme d'honneur
Maison John Holt : Diplôme d'honneur

Agriculture, produits alimentaires et industriels.

M. Ignacio Paraizo................................ .... 350 »
M. Olympio.. 400 »
M. Campbell.................................... .... 600 »
Moustique.................................... .... 150 »
Degbedji .... 50 »
Mlle Claire Campos... 50 »
Mustapha Abayomi..................... .... 50 »
Mme Cecilia Monteiro........................ .... 40 »
M. C. d'Almeida.. 200 »
François Koukoui..,... 200 »
Boniface Dawson (cocos et manioc)........... .... 100 »

Total......................... .... 2.190 »

M. Bardin : Diplôme d'honneur

Artisans divers

Mme Huntikponao, boulangerie-pâtisserie............................ 30 »
Laté John Lawson,   —   .... 30 »
Sitoa Akitola,   —   .... 30 »
Mlle Françoise Tévi,   —   .... 30 »
Mme Campbell,   —   .... 50 »
François Amoussou, menuisier................................... 50 »
Raphaël,   —   .... 50 »
René Fall,   —   .... 40 »
Mmes Milia et Ramatou, teinturières............................. 50 »
Jean Dado, pyrogravure....................................... 100 »
A. Badou, horloger.. 50 »
M. Angelo, président du cercle de la Renaissance. .... 200 »
Mlle Dawson, brodeuse.. 50 »
Mme de Médeiros,   —   .... 50 »

A reporter........................... 810 »

Report .... 810 »

Yessoufou Assogba, potier (Fila) .... 40 »
Pierre Houinsou, potier (Tatigri) .... 40 »
Marie Gitahy, tapisserie-passementerie (Akpassa) .... 40 »
Caréna Marguente, tapisserie-passementerie (Oganla) .... 40 »
Mariette Lawson,   —   (Akpassa) .... 40 »
Rosaline da Sylva,   —   (Oganla) .... 40 »
Clémentine Ayindé, broderie (Kpokomé) .... 40 »
Virginia,   —   (Oganla) .... 40 »
Emilie Mamavi,   —   — .... 40 »
Joséphine,   —   (Ataké) .... 40 »
Boulé,   —   (Ilefié) .... 40 »
Baki Akadivi, broderie (Ataké) .... 40 »
Moïse Kéké, ferblantier (Akron) .... 40 »
Chistophe Aogo, ferblantier (Tatigri) .... 40 »
Apana Padonou,   —   — .... 40 »
Hounton Gbenou, vannerie (Ataké) .... 40 »
Etienne Adjovi,   —   — .... 40 »
Mustapha Aguemon, cuivre (Hinlinkomé) .... 40 »
Hounkanrin Sokonou, —   — .... 40 »
Mathieu Achadé, cordonnier (Hinlinkomé) .... 100 »
Pierre Mensan, bijoutier (Hinlinkomé) .... 60 »
Joseph Ayayi, ivoiriste (Ataké) .... 40 »
Dominique Dossouyovo, bijoutier (Ataké) .... 40 »
Zinsou bijoutier (Ataké), ... 40 »
Joseph Kangan Menou, ébéniste (Zébou) .... 40 »
Antoine Gbidjinou Humpatin, calebasses (Zébou) .... 40 »
Kiki, photographe (Zébou) .... 100 »
Antoine Arin, charpentier (Founfoun) .... 40 »
Monteirou Ata, chapelier (Zébou) .... 40 »
Louis Aklombessi, tailleur (Zéobu) .... 60 »
Ekonedjin, tailleur (Oganla) .... 60 »
Goldfried Ekoué Akakpo, tailleur .... 60 »
Igué Salomon, broderie (Oganla) .... 20 »
Dominique Gonsallo, broderie (Oganla) .... 20 »
Mme Baki, tisseuse (Ataké) .... 30 »
Paul Mihami, nattes peintes (Ataké) .... 30 »
Pierre Agué, ébéniste (Ataké) .... 60 »
Antoine Ahrin, assemblage ébéniste .... 80 »

Total .... 2.610 »

GERCLE DE SAVALOU

Usine d'égrenage de la S. C. O. A., à Dassa : Diplôme d'honneur
Usine d'égrenage de la S. O. C. O. D. A., à Savé : Diplôme d'honneur

Echantillonnages de produits

Présentés par le chef Baguidi .... 200 »
   —   Tofon, de Mahi .... 200 »

A reporter .... 400 »

— 33 —

Report .... 400 »

Artisans divers

Bois, cuir, tissage

Gbaguidi Bahinnou...	40 »
Laourou, de Banté...	40 »
Kabiessi, de Savé...	40 »

Total................................. 520 »

CERCLE DE ZAGNANADO

Plantations de la Mission Catholique (cacao, cafés) .... 300 »

Artisans

Cuivre, bois, etc.

Nicolas Déhoun, de Cové..	150 »
Danvidi, de Banamé...	60 »
Agossou, de Naougon...	60 »
Jean Houndjé, de Cové..	60 »
Fanou, —	60 »
Agossou, —	60 »
Heinto, —	60 »
Firmin Martin, de Cové...	60 »
Cakpo, —	60 »
Randolph Tonety (2 tables)......................................	60 »

Total................................. 990 »

ENSEIGNEMENT

A. — Ecoles officielles

Section professionnelle de l'Ecole primaire supérieure (menuiserie, ajusteurs, tailleurs, maçons, cordonniers)................................		1.500 »
Ecoles de filles : Porto-Novo...................................		400 »
—	Cotonou...................................	400 »
—	Ouidah....................................	100 »
Ecoles de garçons : Porto-Novo................................		200 »
—	Cotonou..................................	200 »
—	Ouidah...................................	200 »
—	Abomey...................................	150 »
—	Allada....................................	100 »
—	Segboroué.................................	100 »

— 34 —

Mission catholique (garçons) : Porto-Novo . . . . 200 »
    —   —   Ouidah . . . . 200 »
    —   —   Sè . . . . 150 »
    —   (filles) : Porto-Novo . . . . 300 »
    —   —   Cotonou . . . . 200 »
    —   —   Abomey . . . . 150 »
    —   —   Ouidah . . . . 150 »
    —   —   Agoué . . . . 300 »

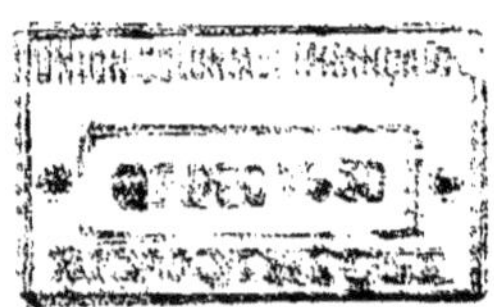